ARTHUR SCHOPENHAUER

Philosophie für unterwegs, Band 13

Zuletzt erschienen:
Band 7: Ludwig Feuerbach. Philosoph des gesunden Menschenverstandes
Band 8: Jesus. Meister des Wortes
Band 9: Hannah Arendt. Erforscherin des Bösen
Band 10: Martha Nussbaum. Philosophin des guten Lebens
Band 11: Albert Camus. Philosoph des Absurden
Band 12: Karl Marx. Philosoph der Verheißung
Band 13: Arthur Schopenhauer. Philosoph des Irrationalen
Band 14: Friedrich Engels. Philosoph der Bewegung
Band 15: Gottfried Wilhelm Leibniz. Begründer der Monadenlehre
Band 16: Sokrates. Philosoph der Selbsterkenntnis

Dr. Ingeborg Szöllösi, geb. 1968, Studium der Philosophie, Theater- und Vergleichenden Literaturwissenschaft an der Ludwig-Maximilians-Universität München, Promotion in Philosophie ebenda mit der Dissertation „Das Lebensethos Schopenhauers, Nietzsches Lebensumwertung und Batailles Lebensökonomie", journalistische Ausbildung in Hamburg, Redakteurin und Publizistin.

INGEBORG SZÖLLÖSI

ARTHUR SCHOPENHAUER

Philosoph des Irrationalen

mitteldeutscher verlag

Die Reihe „Philosophie für unterwegs“ wird herausgegeben von Florian Russi.

Umschlaggestaltung unter Verwendung einer Zeichnung von Lutz Bolldorf.

Bibliografische Information der Deutschen Nationalbibliothek
Die Deutsche Nationalbibliothek registriert diese Publikation in der Deutschen Nationalbibliografie; detaillierte bibliografische Daten sind im Internet über http://dnb.dnb.de abrufbar.

1. Auflage

www.mitteldeutscherverlag.de

Gesamtherstellung: Mitteldeutscher Verlag, Halle (Saale)

ISBN 978-3-96311-712-1

Printed in the EU

Inhalt

Der Wanderer 7

Zum Werk 11
Der Philosoph und sein Ideal 11
Der Wille als Ursprung 16
Der Mensch und sein Potenzial 20
Die Freiheit 24
Das Mitleid 29
Der Tierfreund 34
Das Leben 38

Schopenhauer als Nietzsches „Erzieher“ 43

Siglen, Quellen, Literatur 47

„Schopenhauer war eben ein wirklicher Wahrheitssucher, ein Wertsucher und letzten Endes vielleicht ein Gottsucher, nur gab er seinem Gott einen anderen Namen, oder eigentlich gar keinen. Dasselbe aber sind im Grunde auch alle echten Mystiker."

Jakob Mühlethaler

Der Wanderer

Den Gipfel will er erreichen, egal wie einsam und öde, kalt und grau es da oben sein mag, besser als das Jammertal Welt voller Leiden und Grausamkeiten ist es allemal. Auf einem steilen Pfad geht er hinauf und blickt hinab ins Tal – der Wanderer. Caspar David Friedrich malt ihn, Arthur Schopenhauer betrachtet ihn. 1818 vollendet der Maler sein Gemälde „Der Wanderer über dem Nebelmeer" und der Philosoph sein Hauptwerk „Die Welt als Wille und Vorstellung". Eine Begegnung der beiden ist nicht überliefert. Hätte der eine das Werk des anderen gekannt, wäre es ihnen in der Welt weniger unwirtlich vorgekommen.

Friedrichs Wanderer ist eine vornehme Erscheinung, Anzug und Frisur passen zu Haltung und Sinn. Ein großer Einsamer, aber kein notleidender. Wie Schopenhauer, der am 22. Februar 1788 in Danzig geborene, in Hamburg aufgewachsene Philosoph, der vom Erbe seines Vaters gut lebt. Der tödliche Sturz des Vaters in die Elbe – Unfall oder Selbstmord, wer mag das entscheiden? – kommt zur rechten Zeit: Als 19-Jähriger bricht Arthur seine Kaufmannslehre ab und widmet sich ausgiebig wissenschaftlichen und humanistischen Studien in Göttingen, Berlin, Jena und Dresden. Bei der Mutter Johanna und der Schwester Adele, die nach dem Tod des Vaters ihren Lebensmittelpunkt nach

Weimar verlagern, schaut er regelmäßig vorbei. Er, der begabte Sohn, ist in deren Haus ein unbequemer Gast, dem es immer wieder gelingt, seiner Mutter die Laune zu verderben, bis sie ihn letztlich verstößt und ihm in einem Brief erklärt, sie habe nichts mehr mit ihm zu schaffen. Er will mit ihr auch nichts mehr zu tun haben. Kein Mitleid regt sich in ihm, als das Danziger Bankhaus L. A. Muhl, bei dem ein Großteil des Vermögens der Familie Schopenhauer angelegt ist, pleitegeht, Mutter und Tochter einen großen finanziellen Verlust erleiden, während er, der Philosoph, sein Erbteil rettet. Die einsame Suche nach dem steilen Pfad hinauf zum ersehnten Gipfel beginnt; finanziell ist sie gut abgesichert.

Für seine Schriften bekommt Schopenhauer zeit seines Lebens kein Honorar, im Gegenteil: Er kommt für die Druckkosten auf. Seine Dozentur an der Berliner Universität währt nicht lange: Er ist so vermessen, sein Kolleg zur selben Zeit anzubieten, zu der Hegel, die Koryphäe, die in aller Munde ist, sein Hauptkolleg hält. Das Ergebnis: Die Zuhörerschaft bleibt aus. Rechtzeitig flüchtet er vor der Cholera, die den Kollegen Hegel dahinrafft, aus Berlin und lässt sich 1833 in Frankfurt am Main nieder. Bis zu seinem Tod 1860 verweilt er in der Schönen Aussicht (so der Straßenname) und geht der schlechten Aussicht für Tier, Mensch und Welt nach. Sehr spät entdecken und besuchen ihn seine Fans – er nennt sie „Apostel und Evangelisten“, es sind zunächst ausschließlich Juristen, dann kommen auch Dichter und Denker, Musiker und Maler hinzu. In der Stunde seines Todes, es ist Freitagmorgen, der 21. September 1890, ist er umgeben von seinen treusten Gefährten: dem Pudel Atman (Sanskrit: „Weltseele“) und den „Upanishaden“, der Geheimlehre der Inder, die – wie sein erster Biograf Wilhelm Gwinner bezeugt – immer aufgeschlagen auf seinem Tisch liegen: „die belohnendste und erhebendste Lektüre [...]: sie ist der Trost meines Lebens gewesen und wird der meines Sterbens seyn“ (P 2, S. 437), wie Schopenhauer selbst bekennt.

In seinen Briefen offenbart er sich als Mensch mit einer erstaunlich aktuell klingenden Lebensdiätetik. Seinem Bewunderer, dem Juristen Julius Frauenstädt, gibt er in einem Brief den guten Rat, sich mehr zu bewegen, um besser schlafen zu können. In einem Brief an Sibylle Mertens-Schaffhausen, einer Freundin seiner Schwester Adele, konstatiert er: „Meine unerschütterliche Gesundheit schreibe ich, nächst meiner Konstitution, dem zu, daß ich, bei jedem Wetter, täglich 1½ bis 2 Stunden rasch gehe und auch noch jetzt, bald 64 Jahre alt, meine 7 bis 8 Stunden schlafe“ (B, S. 271). Genauso euphorisch klingen auch die Zeilen an Ottilie von Goethe, ebenfalls eine Freundin Adeles und Schwiegertochter des Dichterfürsten: „Mit 72 Jahren bin ich stets kerngesund und durch meinen überaus *raschen* und leichten Gang noch jetzt auffallend. Ich lese ohne Brille, auch bei schwacher Beleuchtung, und blase immer noch täglich meine Flöte. Ich kann also sehr alt werden, wenn nichts dazwischen kommt" (ebd., 476). Doch im selben Jahr kommt etwas „dazwischen": eine banale Lungenentzündung, der er trotz seiner robusten Natur erliegt.

In seinem Testament hält er u. a. fest, seine langjährige Magd Margaretha Schnepp möge zusätzlich zur lebenslänglichen Leibrente auch eine Entschädigung für die Übernahme und Pflege seines Pudels bekommen.

Zum Werk

Der Philosoph und sein Ideal

Schopenhauer ist der Überzeugung, dass „die größte, wichtigste und bedeutsamste Erscheinung, welche die Welt aufzeigen kann, nicht der Welteroberer ist, sondern der Weltüberwinder" (W 1, S. 476). Das von ihm entworfene Idealbild einer Persönlichkeit ist der allem entsagende Mensch. Trotzdem ist Schopenhauer selbst Philosoph geblieben – es sei

> „so wenig nöthig, dass der Heilige ein Philosoph, als dass der Philosoph ein Heiliger sei: so wie es nicht nöthig ist, dass ein vollkommen schöner Mensch ein großer Bildhauer, oder dass ein großer Bildhauer auch selbst ein schöner Mensch sei. Ueberhaupt ist es eine seltsame Anforderung an einen Moralisten, dass er keine andere Tugend empfehlen soll, als die er selbst besitzt. Das ganze Wesen der Welt abstrakt, allgemein und deutlich in Begriffen zu wiederholen, und es so als reflektirtes Abbild in beliebenden und stets bereit liegenden Begriffen der Vernunft niederzulegen: diese und nichts anderes ist Philosophie." (ebd., S. 474 f.)

Und allein diesem Anspruch will Schopenhauer gereichen, er will kein Asket voller Tugend,

Heiligkeit und Erhabenheit sein: weder ein christlicher Einsiedler noch ein indischer Yogi oder Saddhu (Wandermönch). Er will lediglich seinem „Geschäft als Philosoph“ (ebd., S. 474) nachgehen und die philosophischen Wahrheiten, die jedem Menschen intuitiv zugänglich sind, „in die Reflexion bringen“ (ebd.). Um die Melodie des Lebens zu verstehen, nutzt er die Klaviatur der Philosophie. Dabei komponiert er ein Opus, das auf eine Lebenspraxis „mit dem Namen Ekstase, Entrückung, Erleuchtung, Vereinigung mit Gott“ (ebd., S. 506) hinausläuft.

Wer wie Schopenhauer „auf dem Standpunkt der Philosophie“ (ebd.) stehen bleibt, muss sich mit der Erkenntnis begnügen: „Die Lösung des Rätsels des Lebens in Raum und Zeit liegt außerhalb von Raum und Zeit“ (W2, S. 581). Wie einige Jahrzehnte später Ludwig Wittgenstein verlässt sich Schopenhauer auf „ein sicheres Gefühl, daß in ihm etwas schlechthin Unvergängliches und Unzerstörbares sei“ (ebd.), und kreiert ein kompaktes philosophisches System: „Die Welt als Wille und Vorstellung“, ein Werk, das er in seinem 30. Lebensjahr vollendet und dem er 24 Jahre später zwei weitere Bände hinzufügt. Jedoch hütet er sich als betagter Mann davor, „durch die Krittelei des Alters die Arbeit meiner jüngeren Jahre zu verderben“ (W1, S. 19), und unterzieht sein Erstlingswerk keiner Korrektur – in der Überzeugung: „Mir gab nun ein günstiges Schicksal die Muße von Außen und den entschiedensten Trieb von Innen, um früh und frisch zu liefern, was Mancher, z. B. Kant, nur als Früchte der Jugend einmariniert im Essig des Alters auftischen konnte" (B, S. 35).

An seiner Weltanschauung ändert sich im Alter nichts – seinen Grundeinsichten bleibt er treu, jedoch würzt er sie stilistisch: Die Sprache seiner philosophischen Ausführungen ist pointierter, mutiger, ironischer, und er experimentiert spielerisch mit neuen Formen der Darstellung wie Dialog und Aphorismus. Kein Wunder, dass er durch sein Spätwerk „Parerga und Paralipomena" – vor allem die darin enthaltenen „Aphorismen zur Lebensweisheit" – berühmt wird. Als einer, der allmählich in der Öffentlichkeit bekannt wird, ergötzt er sich über Zeitungsartikel, die sogar seinen Pudel erwähnen (ebd., S. 374), und er wendet die Metapher „Kairo" auf sich an, um zu veranschaulichen, dass sämtliche Ströme von Rezipienten und Rezensenten nolens volens bei ihm als wahren Mündungsort landen (ebd.). Süffisant erzählt er, wie er manchen *Apostel* in einem gnädigen Augenblick zum *Evangelisten* aufsteigen lässt (ebd., S. 388). Fast könnte man meinen, er habe sich als Religionsstifter verstanden und sich den heiklen Auftrag zugespielt, die Welt von all ihren Übeln zu befreien. Allerdings unterscheidet ihn von einem Heiligen die unerleuchtete Umgangsweise mit seinen Zeitgenossen Hegel, Fichte, Schelling, für die er nicht viel Mitleid übrig hat und deren

Werke er undifferenziert als „Afterweisheit“, „schlechte Sophismen“, „bloßer Hokuspokus“, „unsinniges Wischiwaschi“ (W 1, S. 536) abtut. Schopenhauers Aversion ist auf den Begriff *Gott* zurückzuführen, den seine Philosophenkollegen bemühen und von dem er selbst wegkommen will, indem er sich der „werktagsmäßigen Not und sonntäglichen Langeweile“ (ebd., S 392) zuwendet. Das Theater des Lebens beschäftigt ihn, und er will dem Menschen durch die Philosophie einen Weg weisen, der ihn aus dem Karneval des Immergleichen hinausführt. Seine Philosophie zielt auf den handelnden, leiblichen Menschen und dessen Lebensgestaltung ab. Damit begründet er eine philosophische Strömung, die bis in unsere Tage reicht: die Philosophie als Lebenskunst.

Noch vor der Niederschrift seines Hauptwerkes ist in seinem handschriftlichen Nachlass eine Notiz aus dem Jahre 1815 zu entdecken, die die Richtung seines Philosophierens vorgibt: „Meine Philosophie wird nie im Mindesten das Gebiet der Erfahrung, d. h. des Wahrnehmbaren, im ganzen Umfang des Begriffs überschreiten“ (HN, S. 256). Deshalb ist für ihn Philosophie keine Wissenschaft: „So arm und dürftig ist alle Wissenschaft und ihr Weg ohne Ziel! – Aber die Philosophie verlässt ihn und tritt zu den Künsten über“ (ebd., S. 210). Philosophie ist für ihn Kunst – und als Kunst ist „das Leben, die Welt, die einzige

Quelle“ (ebd., S. 268), aus der sie schöpft. Den „Hauptfehler aller bisherigen Philosophie“ (ebd., S. 209) will er darin erkennen, „daß man sie als Wissenschaft suchte“, man also „mittelbare Erkenntniß“ (ebd.) dort suchte, wo nur „unmittelbare gegeben ist“ (ebd.).

Schopenhauer ergreift ein Handwerk, das aus Begriffen besteht, um den Menschen in eine Lebenspraxis zu überführen, die ihn frei werden lässt:

> „Mein Denken in Worten, also Begriffen, also die Thätigkeit der Vernunft, ist für meine Philosophie nichts anderes als was das Technische für den Mahler ist, das eigentliche Mahlen, die *conditio sine qua non*. Aber die Zeit der wahrhaft philosophischen, wahrhaft künstlerischen Thätigkeit sind die Augenblicke wo ich mit Verstand und Sinnen rein objektiv in die Welt hineinsehe.“ (ebd., S. 225 f.)

Dieses Hineinsehen in die Welt, das er bereits 1814 betreibt, gilt für ihn auch nach 40 Jahren, als er 1844 den zweiten Teil von „Die Welt als Wille und Vorstellung“ vollendet: Die „Anschauung“ ist für ihn noch immer „die unbedingt wahre, die ächteste, die ihres Namens vollkommen würdige Erkenntnis“ (W2, S. 92). Doch schon als 30-jähriger Mann empfiehlt er „die Beispiele aus der Erfahrung und Wirklichkeit kennen zu lernen“ (W1, S. 475), d. h. sich das „Leben der Heiligen, der Büßenden, Samaräer (heiligmäßig lebenden Buddhisten), Saniassis (Wald-Einsiedler)“ (ebd.) anzuschauen, denn: „Wie die Erkenntniß, aus welcher die Verneinung des Willens hervorgeht, eine intuitive ist und keine abstrakte; so findet sie ihren vollkommenen Ausdruck auch nicht in abstrakten Begriffen, sondern allein in der That und dem Wandel“ (ebd.).

Der Wille als Ursprung

Immanuel Kants *Ding an sich* – das, was sich als unvergänglich und unzerstörbar erweist – ist für Schopenhauer der Wille. Damit meint Letzterer die Lösung des Welträtsel gefunden zu haben. Das Element, das alles – egal, ob Mensch, Tier oder Stein – durchzieht und im Innersten ausmacht, ist der Wille. Für Schopenhauer ist der Wille „das Erste und Ursprüngliche, die Erkenntniß bloß hinzugekommen, zur Erscheinung des Willens, als ein Werkzeug derselben, gehörig“ (W 1, S. 368), das einzig „Reale und Essentiale“ (W 2, S. 250). Wie für Kant stellt sich auch für Schopenhauer die Frage, wie er sich denn definieren ließe. Doch auch er muss feststellen – „was denn jener Wille, der sich in der Welt und als die Welt darstellt, zuletzt schlechthin an sich selbst sei“ (ebd., S. 231), ist „nie zu beantworten: weil [...] das Erkanntwerden selbst schon dem Ansichseyn widerspricht“ (ebd.). Doch gerade jenes, was sich als Seinsgrund, als Wesen der Welt, zeigt und als „unbeantwortbar“ (ebd., S. 581) darstellt, ist für jeden Menschen erfahrbar und zugänglich, denn es ist in ihm selbst anzutreffen. Dass Selbsterkenntnis zur Welterkenntnis führt, ist Schopenhauers Gewissheit. Darin unterscheidet er sich von seinem Vorgänger Kant, dessen Werke Schopenhauer zeitlebens würdigt – trotz der fundamentalen und radikalen Einwände, die er in seiner „Kritik der Kantischen Philosophie“ formuliert und seinem Hauptwerk „Die Welt als Wille und Vorstellung“ als „Anhang“ beifügt.

Das in seiner Unfassbarkeit festgeschriebene *Ding an sich* Kants verwandelt sich bei Schopenhauer in eine energetische Mitte der Dinge, aus der die Welt ihre Wirk- und Handlungsfähigkeit schöpft:

> „Das Ding an sich habe ich nicht erschlichen noch erschlossen, nach Gesetzen, die es ausschließen, indem sie schon seiner Erscheinung angehören; noch bin ich überhaupt auf Umwegen dazu gelangt: vielmehr habe ich es unmittelbar nachgewiesen, da, wo es unmittelbar liegt, im Willen, der sich Jedem als das Ansich seiner eigenen Erscheinung unmittelbar offenbaret.“ (W 1, S. 614)

Das Wesen der Welt, der Wille, kann der Mensch im Lebensvollzug entdecken, fragt sich nur –

wie. Und hier erstaunt Schopenhauers Antwort, da sie einen Weg nahelegt, der, aus der Sanskritliteratur entliehen, der westlichen Philosophie völlig fremd ist: das Leiden. Ohne Leidenserfahrung kann der Mensch nicht zu seinem Wesenskern und somit auch nicht zu jenem der Welt vordringen. Als Impuls und Motor treibt sie die Selbst- und Weltreflexion voran und ist der Schlüssel zur Wahrheit. Mit der Ratio allein würde dem Menschen lediglich die „Welt als Vorstellung" offenstehen, er würde vom *Schleier der Maja* umgeben bleiben, rat- und orientierungslos im nebligen Reich der Erscheinungen herumtappen. Doch der Mensch hält seit jeher nach etwas Ausschau, das tiefer ist – „tiefer als der Tag gedacht", wie Friedrich Nietzsche als gelehriger Schüler Schopenhauers in seinem „Mitternachtslied" feststellt. Und diese tieferliegende Wahrheit erschließt sich der Mensch mittels der Leidenserfahrung: „In der That ist unser *Wollen* die einzige Gelegenheit, die wir haben, irgendeinen sich darstellenden Vorgang zugleich aus seinem Innern zu verstehen, mithin das einzige uns *unmittelbar* Bekannte und nicht, wie alles Uebrige, bloß in der Vorstellung Gegebene. Hier also liegt das Datum, welches allein tauglich ist der Schlüssel zu allem Andern zu werden, oder [...] die Pforte zur Wahrheit" (W2, S. 229).

Alles, was ist, ist Entäußerung des Willens und somit dem Leiden anheimgegeben. Das

Leiden lässt sich vom Dasein nicht trennen, es ist der Welt immanent. Vor dem Leiden wegzulaufen, heißt, den Wesenskern der Welt zu verleugnen und den Sinn des Lebens zu verfehlen. Wer sich in der „Welt der Vorstellung“ häuslich einrichtet, wird letztlich von der „Welt als Wille“ eingeholt und überrollt. Demnach empfiehlt es sich, der Realität, wie sie ist, wie sie sich als Wille darstellt, den Vorzug zu geben:

> „Jeder unmäßige Jubel beruht auf dem Wahn, etwas im Leben gefunden zu haben, was gar nicht darin anzutreffen [ist], nämlich dauernde Befriedigung der quälenden, sich stets neu gebärenden Wünsche oder Sorgen. Von jedem einzelnen Wahn dieser Art muss man später unausbleiblich zurückgebracht werden und ihn dann, wenn er verschwindet, mit ebenso bittren Schmerzen bezahlen, als sein Eintritt Freude verursachte.“ (W 1, S. 397)

Dem Motto seiner Zeitgenossen: „Semper lustig, numquam traurig!“ (P 1, S. 87), setzt Schopenhauer den Imperativ „Schau dir die Welt an!“ entgegen. Erstere frönen dem „obligaten Optimismus“ (ebd.). Letzterer weiß, dass nur die Anschauung zur wahren Erkenntnis führt, und erweist sich einmal mehr als schonungsloser Realist. Sein Ziel ist es, dass die „Erkenntniß, geläutert und gesteigert durch das Leiden selbst, den Punkt erreicht, wo die Erscheinung, der Schleier der Maja, sie nicht mehr täuscht“ (W 2,

S. 526). An diesem Punkt zeigt sich, dass der Intellekt lediglich ein „Diener“ (ebd., S. 158) des Willens ist, und der Wille dessen „Wurzel, Ursprung und Beherrscher“ (ebd., S. 163).

Der Mensch und sein Potenzial

Mit der Aufforderung *Schau dir die Welt an!* ist auch der philosophische Anspruch verbunden, den wir seit Sokrates kennen: *Erkenne dich selbst!* Nur lautet er bei Schopenhauer *Schau dich an und lerne, die Natur aus dir selbst zu verstehen:*

> „Jeder Mensch ist Das, was er ist, durch seinen Willen, und sein Charakter ist ursprünglich, da Wollen die Basis seines Wesens ist. Durch die hinzugekommene Erkenntniß erfährt er, im Laufe der Erfahrung, was er ist […], er ist sein eigenes Werk vor aller Erkenntniß […].“ (W 1, S. 368)

Dort, wo im philosophisch-theologischen Diskurs das Absolute oder die Idee Gott eingesetzt wird, um den Mensch zu einem Staubkorn, zu einem „Nichts“ zu degradieren, gesteht Schopenhauer dem Menschen eine einzigartige Begegnung zu: eine Begegnung mit sich selbst in einer „kostbaren Gegenwart“ (W 2, S. 547), die sein Leben ist. Macht ein Mensch die Erfahrung des „Ich bin wirklich da!“, erfährt er seine Unsterblichkeit – dass sein Wesen im Hier und Jetzt unzerstörbar ist. Die Maxime, die sich aus Schopenhauers metaphysischer Betrachtung ableiten lässt, lautet: Handle niemals so, wie du handeln würdest, wenn dir stets jemand einreden wollte, du seiest ein nichtiges Wesen!

Der Mensch ist für ihn kein Mängelwesen, sondern ein Lebewesen, das sich „aller philosophischer Wahrheiten bewußt“ (W1, S. 474) und mit vielen Vorzügen ausgestattet ist: Sein Leib ist „ein überschwenglich vollendetes Meisterstück“ (WN, S. 252) und sein Leben ein erfülltes – unter einer Bedingung: Es muss dem Menschen gelingen, sein Leben in eine „*endlose Zeit*“ (W2, S. 667) einzuschreiben. Bereits in seiner Dissertation von 1813 mit dem Titel „Über die vierfache Wurzel des Satzes vom zureichenden Grunde“ distanziert sich Schopenhauer von Kants „absoluter reinen Zeit“ (VW, S. 44), die „nur eine Dimension hat“ (ebd.) und deren „Bild die Linie ist“ (ebd.). Er erschließt sich eine „*erfüllte Zeit*“ (ebd.), die er bis in seine späte Schaffensphase als „*aionenhaft*“ (W2, S. 588) versteht.

Schopenhauer gibt dem Menschen sein Leben nach einer Jahrhunderte währenden Enteignung durch „Zeloten [Glaubenseiferer] und Pfaffen“ (P2, S. 414) zurück. Der Mensch ist wieder ein ganzer und kein von Sünden erdrückter Halbmensch; seine Lebenszeit ist die

Gegenwart und keine ins Jenseits verlängerte Linie. In des Menschen Gegenwart offenbart sich die Welten-Zeit, die weder einen absolut gesetzten Anfang noch ein absolut gesetztes Ende kennt: „Genau betrachtet ist es undenkbar, daß Das, was ein Mal in aller Kraft der Wirklichkeit da ist, jemals zu nichts werden und dann eine unendliche Zeit hindurch nicht seyn sollte" (W2, S. 547). Damit erweist er sich als Kenner indischer Weisheitslehren, die ihm mittels der zu seiner Zeit vorhandenen lateinischen, englischen und französischen Übersetzungen bekannt sind und auf die er sich in seinen Werken immer wieder bezieht – vor allem wenn er den Kanon der christlichen Kirche attackiert: „Aber wahrlich, wenn mich ein Hochasiate früge, was Europa sei; so müßte ich ihm antworten: es ist der Welttheil, der gänzlich von dem unerhörten und unglaublichen Wahn besessen ist, daß die Geburt des Menschen sein absoluter Anfang und der aus dem Nichts hervorgegangen sei" (P2, S. 407).

Schopenhauers Zuversicht in das unsterbliche Wesen des Menschen bildet sich in ihm durch den philosophischen Umgang mit dem Vergänglichkeits- und Todesgedanken heraus. So kommt es, dass der Mensch für ihn nicht als ein zu Tode verängstigtes Individuum durch die Welt irrt, sondern als einer, der alle Fähigkeiten in sich trägt, um seine eigene Gegenwart als endlose, weil erfüllte Zeit und sein eigenes Wesen als unsterblich zu erfahren. Der Mensch kann von seinem Wesen ausgehend das Wesen aller Dinge durchschauen und ist somit imstande, sich aus der seinen schöpferischen Geist lähmenden „Todesangst“ (W 2, S. 545) zu befreien.

Mit den „Hochasiaten“ lehrt Schopenhauer den Menschen, sich als „Urwesen“ zu verstehen, wobei sein „Brahm“ Wille heißt:

> „Brahmanismus und Buddhaismus, die den Menschen lehren, sich als das Urwesen selbst, das Brahm, zu betrachten, welchem alles Entstehn und Vergehn wesentlich fremd ist, werden darin viel mehr leisten, als solche, welche ihn aus nichts gemacht seyn und seine, von Andern empfangene Existenz wirklich mit der Geburt anfangen lassen. Dem entsprechend finden wir in Indien eine Zuversicht und eine Verachtung des Todes, von der man in Europa keinen Begriff hat.“ (ebd., S. 543)

Mit derselben Ehrfurcht behandelt Schopenhauer auch die Materie, die von der Fortdauer unseres Willens, „von der Unzerstörbarkeit unsers wahren Wesens Zeugniß ablegt“ (ebd., S. 553). Ja sogar dem nichtigen Staub spricht er die Wirkmacht des Urwesens zu: „Oho! kennt ihr denn diesen Staub? Wißt ihr, was er ist und was er vermag? Lernt ihn kennen, ehe ihr ihn verachtet“ (ebd.).

Die Freiheit

Ausgehend von Malebranches Satz „La Liberté est un mystère“ untersucht Schopenhauer in seiner Schrift „Über die Freiheit des menschlichen Willens“ das Wesen der Freiheit und bestimmt sie als „transzendental“: Sie gehöre „aus dem Gebiete der einzelnen Handlungen, wo sie erweislich nicht anzutreffen ist, hinaus in eine höhere, aber unserer Erkenntniß nicht so leicht zugängliche Region“ (FW, S. 139). In dieser Region siedelt Schopenhauer auch den Willen, den Seinsgrund, an. Demnach ist Freiheit für ihn eine Seinsbestimmung – ein Existenzial wie später für Jean-Paul Sartre. Und wie der Wille entzieht sich auch die Freiheit der Erkenntnis. Der Mensch *ist* frei, da er wie alles, was ihn in der Welt umgibt, Manifestation des Willens ist. Die Freiheit gilt es im Sein (*Esse*) und nicht im Handeln (*Operari*) zu suchen: „Es ist ein Grundirrtum aller Zeiten gewesen, die Nothwendigkeit dem *Esse* und die Freiheit dem *Operari* beizulegen. Umgekehrt, im *Esse* allein liegt die Freiheit“ (ebd., S. 138). Ich bin demnach nicht frei, weil „ich tun kann, was ich will“ (ebd., S. 46), sondern schlichtweg: weil ich *bin*. Da ich existiere, bin ich frei und kann – selbst im dunkelsten Gefängnis eingesperrt – dieser meiner existenziellen Freiheit nicht beraubt werden.

Der Mensch kann nicht unfrei *sein*. Aus dem So-sein, seiner Beschaffenheit, in der sich sein Wesen – sein Wille – äußert, erwächst sein Tun: „Es kommt Alles darauf an, was Einer ist; was er thut, wird sich daraus von selbst ergeben" (ebd., S. 138). Jeder Mensch handelt gemäß seiner Beschaffenheit, die Schopenhauer Charakter nennt. Im Lauf des Lebens erfährt der Mensch, „was er ist, d.h. er lernt seinen Charakter kennen" (W1, S. 368). In Letzterem manifestiert sich auf subjektiver Ebene der Wille – er ist für Schopenhauer „angeboren und unveränderlich" (FW, S. 135). Das Handeln verweist auf etwas, was über es selbst hinausgeht – „an dem was wir thun, erkennen wir was wir sind" (ebd., S. 138).

Schopenhauer befreit die Freiheit selbst, indem er sie ins Sein verlagert: Er erlöst sie vom dem sich als „Souverain" (W2, S. 260) inszenierenden Intellekt und führt sie in ihre wahre Bestimmung – als Gefährtin des Willens – zurück. Deshalb ist die Freiheit für ihn nicht verhandelbar und lässt sich nicht auf ein *liberum arbitrium indifferentiae* (eine freie, nach keiner Seite hin beeinflusste Willensentscheidung) reduzieren: „Ich kann thun was ich will [...]: also bin ich frei" (FW, S. 57). Diese Formel brandmarkt er als Irrtum, als „allerliebste Spielpuppe für Philosophieprofessoren, die man ihnen lassen muß" (P2, S. 260). Doch kann sie fatale

Auswirkung zeitigen, wenn sie zur „sittlichen Freiheit“ (ebd.) hochstilisiert wird, da sie eine „Sklavenmoral“ (GM, S. 174) begünstigt. Von dieser Art Freiheit distanziert sich Schopenhauer. Zu artifiziell, leer und schal dünkt sie ihm. Er hingegen lädt sein Freiheitsverständnis mit Metaphysik auf: Er führt die Freiheit in ihre „Ursprünglichkeit“ zurück und verbindet sie mit dem „Urwesen“ des Menschen. Freiheit ist kein Gut, das errungen oder erobert werden muss: Freiheit *hat* man nicht, Freiheit *lebt* man.

Bei seinen Vorgänger Descartes und Spinoza hieß es, der Mensch komme als „moralische Null“ (W1, S. 368) zur Welt und könne aus Erkenntnis und Einsicht entscheiden, „so oder so zu handeln“ (ebd.). Bei Schopenhauer kehrt sich dieses Verhältnis um: Der Mensch kann nicht beschließen, „ein Solcher oder Solcher zu seyn, noch auch kann er ein Anderer werden; sondern er ist, ein für alle Mal, und erkennt successive was er ist. Bei Jenen will er was er erkennt; bei mir erkennt er was er will“ (ebd.).

Eine schwere Hypothek lastet auf dem Menschen. Einerseits wird er aufgefordert, sich auf den Weg zu machen und herauszufinden, welches Potenzial in ihm angelegt ist, um dieses zu verwirklichen, mit anderen Worten: sich selbst zur Welt zu bringen. Andererseits ist er dazu verurteilt, die Last seiner Anlagen und der daraus resultierenden Taten selber zu tragen – am

Ende des Tunnels ist kein Licht, keine Absolution zu erwarten. Von seiner existenziellen Freiheit kann der Mensch niemals befreit werden. Fazit: Auf Schritt und Tritt erfährt der Mensch Freiheit entweder als Seinsgeschenk oder als Seinslast.

Mit den Begriffen „Freiheit" und „Wille" – wie wir sie in unserem Alltag heute verwenden – haben Schopenhauers Ausführungen nichts gemein. Was wir ihm zugutehalten müssen, ist, dass er den Freiheitsbegriff dem Korsett der Zweckdienlichkeit entrissen hat: Die Freiheit darf bei ihm – um mit Sartre zu sprechen – *für sich sein*. Damit deckt er dem Menschen den Weg der Selbstanfänglichkeit auf. Die Freiheit gehört dem „wahren Wesen der Welt" (W2, S. 376) an und ist jedem Einzelnen in der Selbsterfahrung zugänglich und gegenwärtig. Daher lässt sie sich nicht aus deterministischen Zusammenhängen ableiten, als gelte für den Einzelnen, „er könne allerdings das Eine thun, wenn er wolle, und eben so das Andere thun, wenn er wolle" (FW, S. 58). Die kurzschlüssige Folgerung „heute so, morgen anders, deswegen frei" wird bei Schopenhauer gekappt und kassiert: Der Mensch ist vor jedweder Wahl frei. Der Mensch *hat* keine Wahl, er *ist* seine Wahl – in dem Augenblick, in dem er anfängt, aus seiner Freiheit heraus zu wirken. Dann gelingt es ihm, das, was er *ist*, zu leben und nicht das, was sich andere für ihn vorstellen, zu perpetuieren.

Das gemeinschaftliche „Band“ (W2, S. 163) seiner Taten erkennend, empfindet er sich als harmonisches Wesen – Platon würde von einer wohlklingenden *Psyché* sprechen. Aus diesem befreiten Anfang erwächst dem Menschen eine gestalterische Kraft, die ihn zu Kunst und Kontemplation befähigt. „Vermöge dieser Freiheit sind alle Thaten des Menschen sein eigenes Werk“ (FW, S. 137) – und er ist keine nichtige Kreatur aus Nichts erschaffen und in Nichts zerfallend. Saltos auf den höchsten Abstraktionsstufen werden dort überflüssig, wo der Mensch *ist*, das heißt: wo er seines ursprünglichen Wesens innewird.

Der Freiheit als verstandene Notwendigkeit macht Schopenhauer den Garaus, indem er sie in ihren Ursprung zurückführt und sie als Begleiterscheinung des *primum mobile,* des Willens als ersten Beweggrund, auffasst. Wie ein Therapeut versucht er dem Menschen nahezulegen, seine Freiheit auszuhalten, da er ihr genauso wenig wie seinem Willen entkommen kann: „Jeder erkennt nur ein Wesen ganz unmittelbar: seinen eigenen Willen, im Selbstbewußtseyn. Alles Andere erkennt er bloß mittelbar“ (W2, S. 376) – das ist des Menschen große Chance, zu sich selbst sowie dem Wesen der Welt durchzudringen, die Illusion der Vielheit, die trügerischen Erscheinungen, hinter sich zu lassen und durch die eigene Erfahrung zur erhabenen Lebensformel „Dies bist du“ oder „Alles ist eins“ zu gelangen.

Freiheit im Sein, in der Existenz selbst anzusiedeln heißt: den Menschen aus den Krallen des Determinismus zu befreien, denn die Welt ist kein „Spiel mit Puppen, an Drähten (Motiven) gezogen; ohne daß auch nur abzusehen wäre, zu wessen Belustigung: hat das Stück einen Plan, so ist es ein Fatum, hat es keinen, so ist die blinde Nothwendigkeit der Direktor“ (ebd., S. 375 f.). Aus dieser einengenden Weltsicht befreit „die Erkenntnis, daß das Seyn und Werden aller Dinge die Erscheinung eines wirklich freien Willens *ist*, der sich eben darin selbst erkennt [...]. Um die Freiheit vor dem Schicksal oder dem Zufall zu bergen, mußte sie aus der Aktion in die Existenz versetzt werden“ (ebd., S. 376).

Das Mitleid

> „Jedes Individuum, indem es nach innen blickt, erkennt in seinem Wesen, welches sein Wille ist, das Ding an sich, daher das überall allein Reale.“ (W 2, S. 703)

Durch Selbsterfahrung und Weltbeobachtung gelangt der Mensch zur Erkenntnis, dass alles eins ist, die sich in der Weisheit der Veden: „Tat twam asi“ („Dies bist du“), niederschlägt. Aus dieser „mystischen Formel“ (P 2, S. 239) leitet Schopenhauer das Fundament seiner Ethik ab: das Mitleid, das er als „die uneigennützige Liebe gegen Andere" (W1, S. 465) versteht. In seiner Schrift „Über die Grundlage der Moral" sieht er im Mitleid die „wirkliche Basis aller freien Gerechtigkeit und aller ächten Menschenliebe" (GM, S. 248). Aus der Fähigkeit, mitzuleiden, erwächst die einzige, dem Menschen würdige Maxime: „Hilf allen soviel du kannst" (ebd.). Eines erweiterten Pflichtenkatalogs bedarf der Mensch nicht. Diese Ausschließlichkeit und Radikalität erinnert an Augustinus' Forderung „Liebe und tu, was du willst", ohne dass Schopenhauer den Kirchenvater explizit nennt.

Kein Gebot ist nötig, allein die Erfahrung, die „ganz unmittelbare, ja instinktartige Theilnahme am fremden Leiden" (ebd., S. 267), lehrt: dass der Galeerensklave ich bin, die geschundene Kreatur ich bin, der leidende Kranke ich bin, dass in ihnen allen dasselbe Wesen waltet wie in mir.

Wenn „der Unterschied zwischen ihm und mir kein absoluter mehr" (ebd., S. 248) ist und das „Dies bist du", „das große Wort" (W2, S. 239), in mein Leben als Erfahrung einbricht, regt sich das Mitleid, „liegt mir das Wohl und Wehe des Andern unmittelbar am Herzen" (GM, S. 248) – ich kann gar nicht anders, als Gutes zu bewirken, und ihm zu helfen, sein Leiden zu lindern. Für Schopenhauer ist das Mitleid „alleinige

Quelle solcher Handlungen, wenn sie moralischen Werth haben, d. h. von allen egoistischen Motiven rein seyn, und eben deshalb in uns selbst diejenige innere Zufriedenheit erwecken soll, welche man das gute, befriedigte, lobende Gewissen nennt" (ebd., S. 267).

Um „Wohlthätigkeiten" (P2, S. 239) zu vollbringen und sich als moralisch integer zu erweisen, braucht er keine Krücken und Prothesen. Allerdings betont Schopenhauer, dass die Erfahrung des Mitleids – wir würden es heute Empathie nennen – kein Produkt unserer Einbildungskraft und dadurch das Resultat einer falsch verstandenen Identifikation ist. Die Annahme, „das Mitleid entstehe durch eine augenblickliche Täuschung der Phantasie, indem wir selbst uns an die Stelle des Leidenden versetzen und nun, in der Einbildung, *seine* Schmerzen an *unserer* Person zu leiden wähnten" (GM, S. 251) sei ein „oft wiederholter Irrthum" (ebd.): Der Leidende bleibt für Schopenhauer in jedem Augenblick der Leidende, und wir bleiben wir, aber:

> „Wir leiden *mit* ihm, also *in* ihm: wir fühlen seinen Schmerz als den *seinen* und haben nicht die Einbildung, daß er der unserige sei: ja, je glücklicher unser eigener Zustand ist und je mehr also das Bewußtsein desselben mit der Lage des Andern kontrastirt, desto empfänglicher sind wir für das Mitleid." (ebd.)

Schopenhauer weist auf die Gefahr, die in der simplen Identifikation steckt, hin und betont die Bedeutung der Differenz – des „Mit" im „Mitleid". Die schlichte Basis der Moral ist zwar jedem Menschen zugänglich, doch gleite es leicht in unechte Barmherzigkeit ab: Der Mensch verleugnet sich selbst und praktiziert eine entkernte Nächstenliebe. Er verordnet sich ein barmherziges Tun, verkennt dabei aber das Wesen des Mitleids, das auf keinem Imperativ beruht, sondern das zwanglos sich im Lebensvollzug einstellt wie ein Blitz – „jede in reiner Absicht erzeigte Wohltat" (P2, S. 239) ist für Schopenhauer der „Anfang der Mystik" (ebd.). Auch in seiner Moralschrift betont er an mehreren Stellen, dass dieser „Vorgang erstaunenswürdig, ja, mysteriös" (GM, S. 248) sei: „Er ist, in Wahrheit, das große Mysterium der Ethik" (ebd.) und steht der metaphysischen Schau in nichts nach, sondern korrespondiert mit ihr. Das metaphysische Subjekt erkennt sich im handelnden Menschen wieder oder – es scheitert.

Schopenhauer geht sowohl in seiner Metaphysik als auch in seiner Ethik andere Wege als sein Lehrer Kant, „der dem Verstand das Unmögliche auferlegt, bloß um der Sinnlichkeit weniger zu bedürfen" (VW, S. 108). Den metaphysischen Pfad bereinigt er von dem „Dutzend Kategorien, symmetrisch unter vier Titel abgesteckt, welche späterhin das furchtbare Bett des Prokustes werden, in welches er [Kant] alle Dinge der Welt und Alles was im Menschen vorgeht gewaltsam hineinzwängt, keine Gewalttätigkeit scheuend und kein Sophisma verschmähend, um nur die Symmetrie jener Tafel überall wiederholen zu können" (W 1, S. 529). Den ethischen Pfad räumt Schopenhauer von sämtlichen Imperativen frei, die eine Einsicht in moralisch begründete Notwendigkeiten bewirken *sollen*. Vom Prinzip „Befohlen muß es seyn!" (GM, S. 174) will er wegkommen und sich für das Erlebnis des „Dies bist du!" öffnen. Kants Sollensethik steht Schopenhauer im Weg. Er verwirft die „hohlen Hyperbeln" (ebd., S. 206), denen das Lebendige abgeht: Der Mensch geht bei Kant in der Menschheit auf und – unter.

Schopenhauer hat den Mut, das Irrationale – und nichts anderes ist sein Seinsgrund, der Wille – im Menschen und in der Welt walten zu lassen. Ihm räumt er sowohl in seiner Metaphysik als auch in seiner Ethik einen Vorzugsplatz ein. Das Mitleid bindet er wie die Freiheit an den Seinsgrund. Durch diese Anbindung gewinnt die einzige ethische Quelle, die Schopenhauer anerkennt, eine menschliche Energie, die den kantischen Imperativen fehlt. Der Mensch braucht keinen Tugendkatalog, um menschlich zu handeln, er muss bloß zulassen, dass er im Kern das ist, was der Stein, das Tier, der andere fremde Mensch auch ist. So findet er in seiner

Existenz aus der Selbstbezüglichkeit hinaus und entwickelt sich in die Bezüglichkeit zum anderen hinein. Das Mitleid ist demnach der Ausdruck einer Berührung von uns selbst im anderen oder des anderen in uns selbst.

Wie die Freiheit so ist auch das Mitleid bei Schopenhauer eine irrationale Erfahrung, ein „Mysterium" (ebd., S. 248):

> „Jede, in reiner Absicht erzeigte Wohlthat giebt kund, dass Der, welcher sie ausübt, im geraden Widerspruch mit der Erscheinungswelt, in welcher das fremde Individuum von ihm selbst gänzlich gesondert dasteht, sich als identisch mit demselben erkennt. Demnach ist jede ganz uninteressirte Wohlthat eine mysteriöse Handlung, ein Mysterium." (P 2, S. 239)

Und wie seine Metaphysik mündet demnach auch Schopenhauers Ethik in Mystik.

Der Tierfreund

Schopenhauers Ethik kennt als Anleitung zum Handeln nur das Mitleid, doch bezieht er es auf alle lebenden Wesen – Menschen wie Tiere –, da sie „in der Hauptsache und im Wesentlichen, ganz das Selbe sind" (P2, S. 415) – Wille. Schopenhauer ist in der westlichen Philosophie der Erste, der feststellt:

> „Die vermeinte Rechtlosigkeit der Thiere, der Wahn, daß unser Handeln gegen sie ohne moralische Bedeutung sei, [...] daß es gegen Thiere keine Pflichten gebe, ist geradezu eine empörende Roheit und Barbarei des Occidents." (GM, S. 278)

Laut Schopenhauer sind an der ungeheuren Kluft, die zwischen Mensch und Tier entstanden ist, die Cartesianer sowie die „Europäische Pfaffenschaft" (ebd., S. 279) schuld. Mit ihrem künstlichen Konstrukt eines unsterblichen vernünftigen Seelenteils – ihrem „Unsterblichkeits-Patent" (ebd., S. 278) – verführen, verblenden und verderben sie den Großteil der Menschen. Um den Unterschied zwischen Mensch und Tier zu zementieren, erdreisten sie sich, eigene Begriffe „für das Essen, Trinken, Schwangersseyn, Gebären, Sterben und den Leichnam der Thiere" (ebd., S. 279) zu erfinden, „um nicht die gebrauchen zu müssen, welche jene Akte beim Menschen bezeichnen" (ebd.) – für Schopenhauer: ein „elender Kunstgriff" (ebd.), um der *animalitas* nicht zu bedürfen. Ein Loblied stimmt er hingegen auf die „Hochasiaten" (ebd.) an, die diese Unterschiede nicht kennen, die in Mensch und Tier verwandte Wesen sehen:

> „Bei den Hindu und Buddhaisten gilt das große Wort ‚Das bist du' welches allezeit über

> jedes Thier auszusprechen ist, um uns die Identität des innern Wesen in ihm und uns gegenwärtig zu erhalten, zur Richtschnur unsers Thuns." (P 2, S. 411)

Den Menschen, die „bei der Erinnerung, daß sie, in übler Laune, im Zorn, oder vom Wein erhitzt, ihren Hund, ihr Pferd, ihren Affen unverdienter oder unnöthiger Weise, oder über die Gebühr gemißhandelt haben, die selbe Unzufriedenheit mit sich empfinden, welche bei der Erinnerung gegen Menschen verübtes Unrecht empfunden wird" (GM, S. 281 f.) – diesen „fein fühlenden Personen" (ebd., S. 281) – zollt Schopenhauer seine Anerkennung.

Auch ist er des Lobes voll, wenn es um die „fein fühlende Englische Nation" (ebd., S. 282) geht:

> „zum Ruhme der Engländer also sei es gesagt, daß bei ihnen zuerst das Gesetz auch die Thiere ganz ernstlich gegen grausame Behandlung in Schutz genommen hat und der Bösewicht es wirklich büßen muß, daß er gegen Thiere, selbst wenn sie ihm gehören, gefrevelt hat. Ja, hiermit noch nicht zufrieden, besteht in London eine zum Schutz der Thiere freiwillig zusammengetretene Gesellschaft, *Society for the prevention of cruelty to animals,* welche […] sehr viel thut, um der Thierquälerei entgegen zu arbeiten." (ebd. S. 283)

Dass dies „ernstlich“ (ebd.) genommen wird, verfolgt der fleißige Zeitungsleser Schopenhauer regelmäßig in verschiedenen Publikationen. Im „Birmingham-Journal“ oder in der „Times“ – Englisch und Französisch sind Schopenhauer geläufig, war er doch als Neunjähriger zwei Jahre zur Erlernung des Französischen in Le Havre und als Fünfzehnjähriger zur Erlernung des Englischen mehrere Wochen in Wimbledon – wird er immer wieder fündig und ist getröstet, wenn 84 Hundehetzer entdeckt und bestraft werden oder wenn eine Tochter aus gutem Haus, reich und gelangweilt, welche „ihr Pferd höchst grausam, mit Knüttel und Messer, gepeinigt […,] zu 5 Pfund Sterling verurtheilt“ (ebd.) wird. Tanzend vor Freude müssen wir uns Schopenhauer vorstellen, wenn er ausruft: „Die größte Wohlthat der Eisenbahn ist, daß sie Millionen Zug-Pferden ihr jammervolles Daseyn ersparen“ (P2, S. 414).

Schopenhauer tritt an, um aufzudecken: „Die Welt ist kein Machwerk und die Thiere kein Fabrikat zu unserm Gebrauch“ (ebd.), und um den „uralten und ausnahmslosen Grundirrthum“ (W2, S. 232) seiner Philosophenkollegen zu beseitigen, der Mensch sei etwas Besseres, so „daß sie sämmtlich die Absicht hatten, den Menschen als vom Thiere möglichst weit verschieden darzustellen“ (ebd.).

Seine Forderung: „Der gewissenlosen Behandlung der Thiere muß auch in Europa ein

Ende gemacht werden“ (P2, S. 415), klingt aktueller denn je angesichts der Massentierhaltung, der von Fleisch überquellenden Supermarktregale, der verschiedenen Seuchen, die dazu führen, dass tausende Tiere an einem einzigen Tag geschlachtet werden. Tier zu sein, ist nicht spaßig: „Um dies zu verkennen, muß man an allen Sinnen blind seyn, oder vielmehr nicht sehn wollen, weil einem ein Trinkgeld lieber ist, als die Wahrheit“ (ebd., S. 416).

Daran hat sich auch im 21. Jahrhundert nichts geändert, würde der Wanderer Schopenhauer feststellen, käme er von seinem einsamen Gipfel zurück. Die Aufforderung aus seinem Spätwerk „Parerga und Paralipomena“ gilt heute nach wie vor:

> „Offenbar ist es an der Zeit […,] daß das ewige Wesen, welches, wie in uns, auch in allen Thieren lebt, als solches erkannt, geschont und geachtet werde. Wißt es, merkt es!“ (ebd., S. 413)

Das Leben

Das, was Schopenhauer auf seinen vielen Reisen beobachtet – die Galeerensklaven in Toulon, die öffentlichen Hinrichtungsstätten, die gängigen Foltermethoden wie Auspeitschungen, übervölkerte Slums, stinkende Hospitäler, verfallende Asyle –, das, was er erfährt, lehrt ihn mehr als hunderte gelehrte Schriften von „klappernden Denk- und Rechenmaschinen“ (N/E, S. 355), wie Schopenhauers Nachfolger Friedrich Nietzsche die auf abstrakte Erkenntnisse hinarbeitenden Philosophen später nennen wird.

Der Wille führt den Menschen hinab – und hinauf. Indem wir uns hineinstürzen ins volle Menschenleben, erfahren wir alles, was „unablässig sich rührt, treibt, drängt, quält, zappelt“ (W2, S. 418), bis plötzlich eines schönen Tages die Frage aufkommt: Warum das Theater? Warum die Maskerade? Warum bewacht jeder ein Leben, bestehend aus Lust und Schmerz, Lug und Trug, Not und Tod? Die Antwort Schopenhauers ist einfach: Um zu sich selbst zu kommen, findet der Mensch keinen besseren Lehrer als das Leben selbst. Die „Kahlheit und Leere des Daseins“ (P2, S. 311) führt ins Bodenlose, aber nur wer dort unten angekommen ist, kann neu anfangen – auferstehen. Es ist eine alte Geschichte, doch widerfährt sie einem, ist sie wie nie dagewesen. Der Via Dolorosa entkommt keiner – das ist Schopenhauers Auskunft. Ohne Schmerzen und Schrecken, ohne Entsetzen und Leiden kann der Mensch dem Missverständnis seiner selbst nicht entgehen.

Schopenhauer geht es nicht darum, den effizientesten Weg aufzuzeigen, wie das kühne Subjekt Mensch auf die Insel der Glückseligen hinaufbefördert werden kann. Sein Ziel ist es, die existenzielle Obdachlosigkeit auszuhalten, sich in der gottverlassenen Absurdität und Banalität umzuschauen und zu orientieren, um einen Weg aus der misslichen Lage zu finden. Das ist ein langer Prozess, weil der Mensch, „der in allen Wesen sich, sein innerstes und wahres Selbst erkennt, auch die endlosen Leiden alles Lebenden als die seinen betrachten und so den Schmerz der ganzen Welt sich zueignen muß" (W1, S. 469). Wenn der Mensch so weit ist und ihm kein Leiden mehr fremd, findet er zu einer entscheidenden vitalen Haltung, die ihn aus der existenziellen Knechtschaft hinausführt, ja ihn erlöst.

Zwei Bewegungsschritte sind bei Schopenhauer auszumachen: das Zu-sich-Kommen und das Über-sich-Hinauswachsen. Die Erfahrung des Zu-sich-Kommens, „die Natur verstehen lernen aus uns selbst" (W2, S. 229), hat ihren Preis – sie tut weh, der ungebremst wütende „Selbstherrscher" (WN, S. 223) namens *Wille* ist eine Wucht. In diesem ersten Bewegungsschritt erkennt der Mensch, wie heillos verstrickt er in die vergeblichen, sich stets wiederholende weltlichen Aktionen ist. Aus dem Hamsterrad des Daseins gibt es scheinbar kein Entkommen, weil der Wille „ein hungriger Wille ist. Daher die Jagd, die Angst und das Leiden" (W1, S. 206). Doch „jenes beständige Drängen und Treiben ohne Ziel und Rast" (ebd., S. 507) führt in einem zweiten Bewegungsschritt jene Menschen, „in denen der Wille, zur vollen Selbsterkenntniß gelangt, sich in allem wiederfand und dann sich selbst frei verneinte" (ebd.); sie finden Ruhe. Allein dieser „Friede, der höher ist als alle Vernunft, jene Meeresstille des Gemüths" (ebd.) bringt große Werke und gutes Handeln hervor.

Dass für Dantes Hölle unsere Welt Pate gestanden haben muss (ebd., S. 406), vermutet Schopenhauer zu Recht:

> „Die Welt ist eben die *Hölle*, und die Menschen sind einerseits die gequälten Seelen und andererseits die Teufel darin." (P 2, S. 326)

Jahrzehnte später wird Jean-Paul Sartre diesen Satz abwandeln und ausrufen: „Die Hölle – das sind die anderen!" Und Schopenhauers Ansicht, dass das Leben „ein Pensum zum Abarbeiten" (ebd.) ist, wird in Albert Camus' Sisyphos-Figur kulminieren.

„Die Absurdität ist schreiend" (W 2, S. 680) – diese Schlussfolgerung muss jeder ziehen, der sich das Welttreiben anschaut. Trotzdem schreibt Camus, dass wir uns seinen Sisyphos als glücklichen Menschen vorstellen müssen, da er erkennt, dass sein Schicksal ihm gehört. Und trotz der niederschmetternden Wahrheiten entdeckt Schopenhauer, dass der Mensch sein Los in der Hand hat. Im Leiden, der existenziellen Mitgift des Menschen, liegt die Chance: „Das Leiden […] eröffnet die Möglichkeit zur Verneinung des Willens" (W 1, S. 494). Doch was folgt daraus – etwa ein Plädoyer für den Selbstmord? Im Gegenteil, meint Schopenhauer, wer sich selbst auslöscht, hebt den Willen mitnichten auf, vielmehr bestärkt er diesen: Als das „allein Metaphysische oder das Ding an sich" (ebd., S. 495) kann den Willen keine Gewalt brechen – „er selbst kann durch nichts aufgehoben werden, als durch Erkenntniß. Daher ist der einzige Weg des Heils dieser, daß der Wille ungehindert erscheine, um in dieser Erscheinung sein eignes Wesen erkennen zu können" (ebd.). Einen Menschen, der mit dem Selbstmord sympathisiert, bringt Schopenhauer in die Welt, ins Leiden, zurück, damit er sich *im* Leben selbst erlöse. Letzteres gelingt den Asketen am vortrefflichsten, jenen Menschen, „welche die Welt überwanden" (ebd., S. 507).

Von diesem Ideal eines Menschen ist Schopenhauer erfüllt – und meilenweit entfernt. Trotzdem müssen wir uns auch Schopenhauer als glücklichen Menschen vorstellen. Zugegeben, den „letzten Gränzstein" (ebd., S. 506) überschreitet er nicht, er bleibt Philosoph und wird kein Asket, dennoch trägt ihn die Formel, zu der er gelangt: „Kein Wille: keine Vorstellung, keine Welt" (ebd., S. 507), lang und gut durchs Leben.

Schopenhauer als Nietzsches „Erzieher“

Schopenhauer versteht sich zeit seines Lebens als *Selbstdenker* – und macht einen großen Bogen um die „Kathederphilosophie und ihre Helden“ (P1, S. 165). Ihr widmet er in seinem Spätwerk „Parerga und Paralipomena“ den Aufsatz „Ueber die Universitäts-Philosophie“. Dass er von den Inhabern philosophischer Lehrstühle ignoriert wird, verwundert kaum. Ironisch, sarkastisch, bitterböse ist sein Ton, wenn er den Beitrag der *Selbstdenker* für die Philosophie mit jenem der *Kathederphilosophen* vergleicht – „paralysiert“ (ebd., S. 169) im Denken seien Letztere, ihr Lehrstuhl sei nichts weiter als ein „öffentlicher Beichtstuhl“ (ebd.). Hingegen ist er voll des Lobes, wenn es um Erstere geht: „Die wirklichen Denker haben auf Einsicht, und zwar ihrer selbst wegen, hingearbeitet; weil sie die Welt […] verständlich zu machen inbrünstiglich begehrten“ (ebd., S. 179). Bei seinem Meister, dem großen Kant, wird Schopenhauers Ton etwas milder, doch auch hier bleibt er bei seiner These, „daß auch Kants Philosophie ein großartigere, entschiedenere, reinere und schönere geworden seyn würde, wenn er nicht jene Professur bekleidet hätte“ (ebd., S. 169).

In dem Aufsatz „Selbstdenken“ (P2, S. 537) bringt Schopenhauer den Unterschied zwischen „Selbstdenker und Bücherphilosoph“

(ebd., S. 543) auf den Punkt – Ersteren erkenne man „am Gepräge, der Unmittelbarkeit und Ursprünglichkeit, am Autoptischen [aus eigner Schau Stammenden] aller seiner Gedanken und Ausdrücke“ (ebd.), Letzteren hingegen daran, „daß Alles aus zweiter Hand ist, stumpf, wie der Abdruck eines Abdrucks; und sein aus konventionellen, ja, banalen Phrasen und gangbaren Modeworten bestehender Stil gleicht einem kleinen Staate, dessen Cirkulation aus lauter fremden Münzsorten besteht, weil er nicht selbst prägt“ (ebd.).

Unter Philosophen findet sich kein Schopenhauerfreund. Seine ersten *Jünger* sind Juristen. Auch Schriftsteller, bildende Künstler und Musiker erkennen Schopenhauers Originalität. Doch dann, im Oktober 1865, passiert es: In einem Leipziger Antiquariat entdeckt ein *Selbstdenker* Schopenhauers zweibändiges Hauptwerk „Die Welt als Wille und Vorstellung“, kauft es, liest es – und ist begeistert! In Schopenhauer wird Friedrich Nietzsche fortan seinen „Erzieher“ sehen, der ihm eine Antwort auf die Frage „was ist das Leben überhaupt werth?“ (N/E, S. 363) gibt, der die „Sehnsucht nach sich selbst“ (ebd.) stillt und den er in seiner Schrift „Schopenhauer als Erzieher“ als seinen „Befreier“ (ebd., S. 341) feiert:

> „Ich schildere nichts als den ersten gleichsam physiologischen Eindruck, welchen Schopen-

> hauer bei mir hervorbrachte, jenes zauberartige Ausströmen der innersten Kraft eines Naturgewächses auf ein anderes, das bei der ersten und leisesten Berührung erfolgt; und wenn ich jenen Eindruck nachträglich zerlege, so finde ich ihn aus drei Elementen gemischt, aus dem Eindrucke seiner Ehrlichkeit, seiner Heiterkeit und seiner Beständigkeit." (ebd., S. 349 f.)

Der gewissenhafte Student der Altphilologie kommt erstmals in Berührung mit einer Philosophie, die den Anspruch hat, Kunst, ja das Leben selbst zu sein, und die den Einzelnen zu sich selbst führen möchte. Nicht der wissenschaftliche Pfad dient der menschlichen Vervollkommnung, sondern die freie Kontemplation, die den Menschen aus der Selbstentfremdung hinausführt. Nietzsches „Schopenhauer-Erlebnis" (S/N, S. 44), wie es Rüdiger Safranski in seinem Buch über das „altphilologische Wunderkind" (ebd., S. 36) nennt, ist schicksalhaft. Aus dem braven Altphilologen wird ein entfesselter Denker.

Was sein Erzieher vorgibt, den Abstand zwischen Leben und Denken aufzuheben, um ein authentischer Mensch zu werden, treibt der Schüler bis zum Exzess: Nichts soll die Einheit zwischen Selbst und Erkenntnis trüben. Er will den Pfad, den ihm sein Erzieher erschließt, zu Ende gehen: ein glühender Asket werden. Wie sein Erzieher wird er zu einem großen Einsamen und schaut von seinem Gipfel herab ins Jammertal Welt. Verlogen und scheinheilig – ja, das ist die Welt, so sieht sie der Erzieher, so zeigt sie sich auch dem Schüler: voller „öffentlich meinender Scheinmenschen“ (N/E, S. 338). Doch während sich der Erzieher *in* der Welt arrangiert, zerbricht der Schüler an ihr.

Und wenn wir uns noch einmal das Bild vom Anfang dieses Büchleins vor Augen halten, vermeinen wir zu sehen, wie Schopenhauer guten Mutes den steinernen Pfad hinunter ins Tal zurückgeht, während der Schüler auf dem einsamen Gipfel bleibt. Beide sind mit Hingabe das, was sie sind – eigenwillige Philosophen. Doch während der Erzieher sich seiner Grenzen bewusst ist und Philosoph bleibt, stürzt der Schüler in seiner denkerischen Leidenschaft ab.

Schopenhauer hat seinen hingebungsvollsten Schüler nie kennengelernt. Als der 72-jährige Philosoph 1860 in Frankfurt am Main das Zeitliche segnet, ist der Schüler in seinem 16. Lebensjahr und Stipendiat im Gymnasium von Schulpforta. Im selben Jahr schließt er mit dem gleichaltrigen Kollegen Paul Deussen einen Freundschaftsbund. Letzterer wird 1911 die Schopenhauer-Gesellschaft gründen, die bis heute Schopenhauers Denken fortschreibt.

Siglen, Quellen, Literatur

Siglen

B = Gesammelte Briefe
FW = Über die Freiheit des menschlichen Willens
GM = Über die Grundlage der Moral
HN = Der handschriftliche Nachlaß, Bd. 1
N/E = Nietzsche: Schopenhauer als Erzieher
P 1 = Parerga und Paralipomena, Bd. 1
P 2 = Parerga und Paralipomena, Bd. 2
S/N = Safranski: Nietzsche
VW = Über die vierfache Wurzel des Satzes vom zureichenden Grund
W 1 = Die Welt als Wille und Vorstellung, Bd. 1
W 2 = Die Welt als Wille und Vorstellung, Bd. 2
WN = Über den Willen in der Natur

Quellen und Literatur

Bobko, Aleksander: Schopenhauers Philosophie des Leidens, Würzburg 2001

Grätzel, Stephan: Die philosophische Entdeckung des Leibes, Stuttgart 1989

Gwinner, Wilhelm: Schopenhauers Leben, dritte, neugeordnete und verb. Ausgabe, Leipzig 1910 (1 Aufl. Leipzig 1878)

Malter, Rudolf: Arthur Schopenhauer. Transzendentalphilosophie und Metaphysik des Willens, Stuttgart 1991

Mühlethaler, Jakob: Die Mystik bei Schopenhauer, Berlin 1910

Nietzsche, Friedrich: Schopenhauer als Erzieher. Unzeitgemäße Betrachtungen 3, in: Kritische Studienausgabe, Bd. 1, Berlin/München 1999, S. 335–427.

Safranski, Rüdiger: Nietzsche. Biographie seines Denkens, Frankfurt am Main 2002

Safranski, Rüdiger: Schopenhauer und Die wilden Jahre der Philosophie, Frankfurt am Main 2001
Schopenhauer, Arthur: Zürcher Ausgabe. Werke in zehn Bänden, Zürich 1997
Schopenhauer, Arthur: Der handschriftliche Nachlaß, hg. von Arthur Hübscher, 5 Bde., München 1985
Schopenhauer, Arthur: Gesammelte Briefe, hg. von Arthur Hübscher, Bonn 1978